DE LA RÉGÉNÉRATION DU THÉATRE,

OU

AVIS AU PUBLIC, AUX AUTEURS, AUX ACTEURS ET AUX JOURNALISTES;

PAR S. M.

A PARIS,

CHEZ { PESCHE, LIBRAIRE, RUE NEUVE-DE-SEINE, N°. 36;
{ LADVOCAT, LIBRAIRE AU PALAIS-ROYAL;
ET AU SALON LITTÉRAIRE, PALAIS-ROYAL, GALERIE DES BONS-ENFANTS, N°. 156.

1819.

DE L'IMPRIMERIE D'Anth^e. BOUCHER,
SUCCESSEUR DE L.-G. MICHAUD,
RUE DES BONS-ENFANTS, N°. 34.

DE LA RÉGÉNÉRATION DU THÉATRE.

La succession des choses, le torrent des circonstances entraînent les hommes, changent leurs mœurs, la direction de leurs idées, et il se trouve qu'à la fin des siècles les expressions ont pris des nuances de signification différentes. Qu'est-ce que le théâtre? Autrefois ce pouvait être la lice où le tendre auteur de Bérénice luttait contre le vieux Corneille, qui cherchait dans son ame faite pour les grands sentiments, les émotions de Tite et de Bérénice. Aujourd'hui, les acteurs se sont substitués aux auteurs : le théâtre est un temple où l'on va encenser le fils de Melpomène et la fille de Thalie. Les vers de Lafosse sont préférés à ceux de Voltaire, si le grand tragédien les anime de sa déclamation.

Cependant, les noms de Talma et de Mlle. Mars sont immortels, mais leur existence ne l'est pas. Quel vide va laisser au théâtre leur retraite, retardée autant que possible pour nos plaisirs, mais certaine. Déjà même quelques fâcheuses rides attestent, sur la figure ingénue d'Agnès, une quarantaine de printemps *et cétera*, et nous voyons Achille avec un menton, sinon à triple, du moins à double étage.

Mad. Paradol, il est vrai, vient de paraître sur l'horizon : on la porte aux nues; craignons que cet astre ne s'avise aussi de ne se montrer que par intermittences. Manlius, à défaut de la variété, se renferme dans le système de la rareté : le caprice peut prendre à Célimène de voir augmenter ses *feux*, et la voilà de nouveau dans son muet dépit. Pendant ce temps, les plus intrépides habitués des banquettes du Théâtre-Français cèdent à l'attrait des ignobles nouveautés qui font fureur aux salles des boulevards : là, le goût se pervertit de jour en jour; le vandalisme y est en action : les auteurs, il est vrai, ont la conscience de créer les désignations, les titres de *Caricatures*, de *Tableaux-Vaudevilles*, de *Mélo*, *Mimo-Drame*, pour qualifier leurs misérables productions. Mais que doivent dire les provinciaux, les étrangers, auxquels on désigne Paris comme le foyer, le centre du bon goût, quand le besoin de nouveautés force les directeurs des théâtres des provinces ou de l'étranger à leur présenter ces farces, ces mélodrames, où les règles dramatiques ne sont pas moins violées que celles de la grammaire? Ils ont quelquefois sifflé ce qui faisait foule à Paris. Le Château de Paluzzi n'est pas le seul exemple que l'on pourrait citer.

La restauration du second Théâtre-Français va, dit-on, renouveler le siècle d'or de l'art dramatique. Il est à supposer que quand tout Paris aura vu l'état de la salle, les dorures des loges et le rideau de tôle qu'à la moindre demande, l'administration offre avec l'intime contentement de la possession, à la contemplation insatiable du public, on ne nous donnera plus, de deux jours l'un, *l'Amant Bourru*, et quelques autres pièces dont on voit si souvent les titres sur l'affiche (1). L'Odéon possède d'excellents sujets : Victor, Éric Bernard, Mlle. Falcoz, promettent; Joanny, surnommé le Talma des provinces, pour la profonde connaissance de son art, est dans la force du talent. Cependant ils ne doivent pas s'enorgueillir de la faveur du public : si, à l'exemple des héros de la rue de Richelieu, ils veulent vivre dans une grasse oisiveté, bouder, donner, par les journaux, la comédie à l'Europe avec les parts, les doubles parts : les élèves d'Esculape et de Thémis, sur la bourse desquels ils paraissent fonder de brillantes espérances, sont tous assez jeunes pour ne pas craindre le trajet jusqu'au théâtre du

---

(1) On a représenté enfin la belle tragédie des Vêpres Siciliennes.

Palais-Royal, où du moins, si l'on n'a pas du nouveau, l'on a, surtout en comédie, du généralement parfait. On assure que déjà Victor, non content de retracer quelquefois Talma sur la scène, a comme lui, dans les coulisses, des volontés fortement prononcées. Le grand tragédien se réconcilie avec le public en se surpassant, c'est-à-dire en faisant faire à son art des conquêtes dans le domaine de l'impossible : Victor sait que c'est un genre de justification qui n'est pas encore à sa portée. M. Picard doit bien se persuader que son théâtre est partagé en cadet; que c'est par le zèle et le travail que l'Odéon pourra se mettre à côté de son heureux aîné; qu'il doit suppléer à la réunion des talents de celui-ci par la variété et la prévenance pour le goût du public. Sa troupe comique, fût-elle aussi médiocre qu'on veut la dire, si elle joue des nouveautés, verra la foule se presser autour de l'Odéon comme aux autres théâtres, où l'on va voir la pièce nouvelle et non les acteurs. Les sociétaires de la rue de Richelieu restassent-ils dans leur léthargie, ils feraient, de temps en temps, d'assez copieuses recettes par l'apparition de Célimène et de Manlius, comme par le passé. Mais ceux du faubourg Saint-Germain doivent se donner de la peine. Ce n'est que par la curiosité que sèment les premières représentations, que nous passerons les ponts ; ce n'est qu'à la nouvelle des bravos, des applaudissements que le bon bourgeois de la Place-Royale fera infidélité à l'Ambigu, et entreprendra, en famille, l'expédition d'*outre-Seine*. Que MM. les sociétaires nous donnent, pour le moins, une pièce nouvelle chaque mois; et avec un répertoire vigoureux de jeunesse, à l'époque de la retraite de Manlius et de Célimène, l'Odéon deviendra le siége de l'empire théâtral. Mais la famille royale de la rue de Richelieu, dit-on, s'éveille, fouille dans les cartons, reçoit des pièces des deux mains ; et ce qui est vraiment extraordinaire, elle en met en répétition. Tant mieux pour le public, les auteurs, les acteurs et la littérature. A la suite, quelques chefs-d'œuvre pourront éclore; et si le 19e. siècle ne compte pas des Racine, des Voltaire, il pourra se présenter à la postérité avec un bagage un peu plus considérable qu'il ne le serait avec les Templiers et Agamemnon seuls. Mais de fâcheux pronostiqueurs présagent la chute de l'un des deux établissements rivaux, par la raison que le mélodrame, plus à la portée de toutes les classes, ne laisse qu'un petit nombre d'amateurs des bons principes, insuffisant pour remplir les deux salles. Ces allégations ne manquent pas de fondement. Pour ramener à la bonne comédie et à la tragédie, ces amateurs que le besoin de la nouveauté dissémine chez Potier, chez Brunet, chez Franconi; pour remplir les deux salles des Français, il ne suffira pas du zèle des sociétaires. Ceci porte particulièrement sur les auteurs. Après avoir frappé long-temps à la porte des théâtres, ce n'est pas tout qu'ils leur soient ouverts; ils doivent s'y présenter avec des ouvrages généralement intéressants. Le véritable auteur tragique ne doit pas se borner à étudier le cœur de l'homme, c'est le cœur des hommes en général qu'il doit connaître; il doit écrire pour son siècle, comme Sophocle, Racine, ont écrit pour les leurs. On ne fera plus de véritables chefs-d'œuvre en faisant de pâles copies des personnages de nos grands auteurs tragiques : notre siècle est bien différent des leurs. Vingt-cinq ans de guerre, une effroyable révolution, et le régime constitutionnel sous lequel nous vivons, nous ont donné un caractère bien différent de celui de nos pères. Nous avons sous les yeux un exemple frappant de cette dissemblance, les habitudes, les manières de voir, les idées de ces émigrés qui, retirés de la France durant toutes les époques qui ont influé sur nos mœurs, se trouvent aujourd'hui au milieu de nous comme chez un peuple nouveau, que, dans leur habitude de louer le passé, ils regardent comme une génération perverse.

La comédie n'est que la peinture de la société, et doit, par sa nature, suivre ces variations.

La tragédie, quoique toute de convention, pour devenir d'un goût populaire comme du temps des Sophocle, des Euripide, demande autant de rapprochement avec nous qu'elle en avait avec les Grecs, quand, toute religieuse, elle était adaptée aux mœurs des anciens.

Deux choses partagent la vie de l'homme, l'exercice de ses fonctions et les délassements. Il y porte également le caractère que chaque siècle imprime à tout un peuple. De ce que la succession du temps avait mis le moins en harmonie avec nos mœurs actuelles, soit parmi nos plaisirs, soit parmi nos institutions, le plus oppressif, c'est-à-dire le pouvoir absolu, les préjugés religieux, a été d'abord l'objet des réformes. Le côté où se faisaient sentir les obstacles a été l'endroit dont on s'est occupé, et ce qu'on croit dominer et diriger à son gré, c'est-à-dire le type des plaisirs, le théâtre, n'a pas encore fixé profondément l'attention. Cependant le besoin de la correspondance des jouissances d'une nation avec ses goûts s'est fait déjà sentir. Le mélodrame, dans le temps de sa plus grande faveur, parut satisfaire, en partie, ce besoin des innovations : ce genre, plus national que la tragédie entièrement transplantée chez nous de la Grèce, eut de la vogue pendant quelque temps. Mais bientôt on vit que les coups de fusil, les lazzis ne valaient pas la peinture des plus profonds sentiments du cœur que Racine a faite avec tant de vérité; ni le comique des caractères, qui fera voir toujours avec plaisir les pièces de Molière.

On pense que, pour arrêter la chute de l'art dramatique, la nécessité d'embrasser les systèmes de l'école germanique est absolue : des autorités même d'un grand poids, telles que M. Benjamin Constant, Mad. de Staël, accréditent cette opinion de leur adhésion. Mais comme il existe une redoutable ligne de démarcation entre le mélodrame et la tragédie, on peut assurer que l'art de Sophocle ne sera pas le premier à la franchir en conquérant. Cependant le domaine de la tragédie se restreint de plus en plus dans une moindre circonscription. La stérilité de sujets, la froideur des situations, nouvelles du temps de nos grands maîtres, mais communes et surannées aujourd'hui; la pâleur des imitations des caractères (car les héros de tragédie, comme les bergers des idylles et les valets de comédie, sont des personnages de convention dont on ne peut prendre une idée que dans les chefs-d'œuvre des auteurs), amènent la décadence de l'art dramatique. On allègue, pour y subvenir, la nécessité des principes de l'école trans-rhénane. Nous ne prétendons pas nous ériger en champions du préjugé, en combattant cette assertion, ni nous joindre à ces preux qui rompent des lances dans les colléges pour soutenir les vieilles opinions, et dont l'unique soin est de repousser dans l'ornière les génies qui s'en écartent par leurs élans. Mais nous pensons que cette constitution littéraire ne pourrait être généralement acceptée dans la république des lettres en France. Les revenants, les sorciers, sont plus hors de notre goût que les prodiges, les oracles de la Grèce; et l'orgueil national ne consentirait jamais à abjurer Corneille, Racine, pour prendre Lessing, Schiller, pour modèles. Au reste, l'esprit d'ordre et de sagesse inhérent à la littérature française, ne peut faire place tout-à-coup au vague et aux écarts du germanisme. En politique comme en poésie, l'anarchie est aussi funeste que le despotisme.

Les idées religieuses et sombres qui distinguent la secte teutonique pourraient-elles, à l'époque actuelle, dominer sur notre théâtre? La philosophie, en agitant son flambeau aux yeux des nations, a chassé la superstition et les germes de poésie qu'elle renfermait. Si ces moyens sacrés de terreur et d'émotions, incontestablement plus populaires pour nous que les ressorts du paganisme, avaient été employés dans l'enfance de l'art, nos grands auteurs tragiques, en les mettant en œuvre, eussent créé des productions aussi généralement senties par toutes les classes, que l'étaient les pièces de Sophocle et d'Euripide à Athènes ; et l'habitude, qui a naturalisé sur notre théâtre la mythologie, nous ferait, à plus forte raison, accueillir les idées du christianisme, et même ces *mystères terribles* que Boileau réprouvait, parce qu'il lisait les anciens, chapeau bas. Quand on songe que Corneille, Racine, avec des sujets mythologiques, parviennent, durant la représentation de plusieurs de leurs pièces, à rendre la classe la plus éclairée parmi nous, plus crédule que les anciens eux-mêmes, qui laissaient la tourbe ajouter foi aux oracles, aux prodiges, on sent combien il a fallu de ressources à ces grands génies pour exercer cet empire étranger sur nous ; combien les Dacier, les Saumaise, auraient dû se garder de leur contester la supériorité sur les tragiques grecs, qui, indépendamment de la latitude que leur donnait leur ascendant sur l'art à sa naissance, ont traité seulement des sujets nationaux. Cependant, empressons-nous de payer le tribut d'une admiration intime à nos grands maîtres, avant de voir le revers de la médaille.

Laissons prudemment Mad. de Staël plaider sa cause : « Les stances du Tasse sont chantées » par les gondoliers de Venise ; les Espagnols et

« les Portugais de toutes les classes savent par
« cœur les vers de Caldéron et de Camoëns :
« Shakespear est autant admiré par le peuple en
« Angleterre que par la classe supérieure : des
« poëmes de Goëthe et de Burger sont mis en
« musique, et vous les entendez chanter des
« bords du Rhin à la Baltique. Nos poètes fran-
« çais sont admirés par tout ce qu'il y a d'esprits
« cultivés chez nous et dans le reste de l'Europe;
« mais ils sont tout-à-fait inconnus aux gens
« du peuple et aux bourgeois même des villes,
« parce que les arts en France ne sont pas, comme
« ailleurs, natifs du pays où se développent
« leurs beautés. » Mad. de Staël n'est pas im-
partiale : dans son ouvrage intitulé *de l'Allemagne*, on voit qu'elle connaît mieux la littérature germanique que la nôtre; mais cependant, en lisant de pareils passages, on éprouve
les mêmes sentiments qu'éprouveraient des vic-
times de la tyrannie aux premiers accents de la
liberté.

Aujourd'hui, pour émouvoir généralement
une réunion nombreuse, pour rendre notre littérature populaire, l'influence des dieux de la
fable, et les mystères de notre religion ne sont
nullement ce qu'il faut, parce que nous sommes
dégoûtés du premier moyen, et que nous ne
pouvons pas user du second, à cause que

toutes les classes sont éclairées. Mais dans le cœur d'un peuple belliqueux, enivré de ses succès, n'est-il pas des sources d'émotions, des germes de sentiments nouveaux pour la tragédie, avec lesquels des hommes de génie, s'ils en savaient tirer parti, pourraient relever le théâtre tragique, en profitant des avantages que pourraient offrir les écoles classique et romantique? Comme tout dépend de l'exécution en littérature, et que la poésie est la principale base de l'art dramatique, définissons auparavant ce que c'est que la poésie, s'il est possible.

La Harpe dit : « La poésie ne consiste pas dans la recherche continuelle des figures hardies et des tournures extraordinaires; mais la perfection du style consiste d'abord dans la propriété des termes et dans leur rapport exact avec les idées, dans l'harmonie variée des phrases, dans la clarté, la précision des tournures; et à l'égard des figures de mots..... » On voit que La Harpe confond la versification ou du moins le style avec la poésie : tous ses corrects mais froids ouvrages en font foi. Je laisse à penser si, en possédant toutes ces qualités au suprême degré, on pourrait créer une Iliade, une Phèdre. Le sévère Boileau, né dans un temps où la langue était torturée dans les vers de la Clélie et du Cyrus, s'imposa, par sa critique, la loi d'une correction extrême. Devenu le législateur du Parnasse, il a imprimé, par son exemple, à notre poésie, un caractère trop compassé pour être brillant. C'est pourquoi, Italiens, Espagnols, Allemands, qui lisent les traductions de nos poètes, ne peuvent concevoir l'admiration qu'ils nous causent.

Mad. de Staël va nous donner une idée de la poésie par le poète; car dans le vague où entraîne une définition abstraite, il est nécessaire d'avoir un point d'appui pour jeter une vue certaine à l'entour. « Le véritable poète, dit-
» elle, conçoit pour ainsi dire tout son poëme
» au fond de son ame à-la-fois : sans les dif-
» ficultés du langage, il improviserait comme
» la Sybille, ou les prophètes, les hymnes saints
» du génie. Il est ébranlé par ses conceptions
» comme par les événements de sa vie. Un
» monde nouveau s'offre à lui; l'image sublime
» de chaque situation, de chaque caractère,
» de chaque beauté de la nature, frappe ses re-
» gards, et son cœur bat pour un bonheur cé-
» leste qui traverse comme un éclair l'obscu-
» rité du sort. La poésie est une possession mo-
» mentanée de tout ce que notre ame souhaite;
» le talent fait disparaître les bornes de l'exis-
» tence, et change en images brillantes le
» vague espoir des mortels.... Il faudrait parler
» à des poètes comme à des citoyens, à des

» héros; il faudrait leur dire : soyez vertueux,
» soyez croyants, soyez libres; respectez ce que
» vous aimez, cherchez l'immortalité dans l'a-
» mour et la divinité dans la nature; sanctifiez
» votre ame comme un temple, et l'ange des
» nobles pensées ne dédaignera pas d'y appa-
» raître. »

Voilà des vérités frappantes. Pour voir ces hommes, ces poètes, il faut remonter aux siècles de la poésie primitive (car l'imitation en voulant conserver, a tout fait dégénérer); tels étaient Ossian, Homère, les Scaldes. L'habitude de lire des vers a fait des poètes mécaniques sans nombre chez nous. Tel s'est cru poète pour avoir aligné laborieusement des mots, et les avoir limés et relimés. Aussi, notre littérature pullule de poëmes, auxquels il ne manque rien, excepté le jet poétique. La poésie amoureuse du siècle de Louis XIV n'est plus tout-à-fait ce qui nous convient. Les mœurs, depuis cette époque, ont changé entièrement avec les constitutions. Durant ce règne fameux, quand le peuple était fait pour le roi et non le roi pour le peuple, un poète avait atteint son but lorsqu'il avait amusé la cour. Mais sous un régime constitutionnel, la nation doit être comptée pour quelque chose : pour l'élever à cette dignité de peuple libre, il faut lui inspirer des sentiments dignes d'elle; et est-il un plus sûr moyen que celui de la poésie, non pas cette poésie qui consiste à dire les choses d'une manière bizarre, en appelant les objets modernes par des noms anciens, mais cette poésie facile, claire, vigoureuse, abondante en images, frappante d'imagination, attendrissante de simplicité. Tous les mots ou presque tous les mots d'une langue doivent entrer dans un poëme. Delille l'a prouvé pour ce qui concerne le labourage; il faudrait enrichir la langue poétique de tous les mots de l'art militaire. Si nous regardons le grec et le latin comme très riches, c'est qu'aucun mot n'était réputé ignoble. Par cela même que tout le peuple, soit à Athènes, soit à Rome, comprenait les poètes, les aimait, il était généralement instruit. Chez nous, dans les classes moyennes, on est d'accord pour louer Racine, mais avec ces louanges banales, qui prouvent une admiration sur parole. Cela ne peut pas être autrement : Racine a écrit pour la cour et non pour le peuple. Les poëmes d'Homère, les odes de Pindare, étaient chantés dans les rues; ils nourrissaient dans l'ame du peuple des nobles sentiments, un honorable orgueil du nom d'Athénien ou de Spartiate : c'est pourquoi on ne l'aurait pas vu à certains jours de fête s'entre-battre pour du vin et des comestibles. Né pourrait-on pas ramener ces beaux jours parmi nous? On pourrait élever les Français à la dignité de peuple libre, par le moyen des spectacles, et rendre notre poésie aussi populaire que celle du Tasse en Italie, du Caldéron en Espagne, de Goëthe en Allemagne, et de Shakespear en Angleterre.

La philosophie qui, lors de la renaissance des lettres en France, s'était reposée des fatigues qui avaient signalé son apparition en Europe dans le seizième siècle, siècle de Galilée et de Luther, au commencement du dix-huitième se réveilla. Timide et faible devant la religion, c'était au risque des incarcérations et des persécutions qu'elle proférait de temps en temps des vérités frappantes. Cependant le peuple peu à peu ouvrit les yeux sur les abus de l'arbitraire. Si une transaction avait eu lieu alors entre le souverain et le peuple, la révolution était détournée. La gêne irrita l'hydre du peuple; à peine commença-t-elle à siffler, que Louis XVI tâcha de l'apaiser par des soumissions. C'était trop tard; elle avait appris ce qu'elle pouvait par la concentration de ses forces aux états-généraux; elle ne connut plus de frein. Tout fut renversé, détruit: et la France, opprimée par des tyrans révolutionnaires, se trouva accablée sous ses ruines comme Samson. Après la dispersion du comité du salut public, l'état déplorable où se trouvait la nation parut une aurore consolante. Elle avait fait de grandes choses, elle en fit de plus grandes encore; alors un homme, grand capitaine, plus grand politique encore, vint se substituer à l'image de la patrie. Comment parviendra-t-il à tourner à l'avantage du despotisme, cette énergie guerrière qu'avait réveillée l'amour de l'indépendance. Il connut le faible des Français; il vit qu'il fallait leur parler de l'honneur, et il fit gagner des rubans rouges. S'il eût été moins bien servi, il eût écouté les conseils de la prudence. Sûr de tout conquérir en tête des Français, il ne s'attendait pas aux attaques du ciel et à l'inclémence des airs. Des revers, rachetés, il est vrai, par le bienfait de la Charte, sont venus nous accabler. L'inaction présente nous donne à peine le temps de jeter nos regards en arrière, et de parcourir en détail tant d'événements glorieux. Dans cette admiration patriotique ne repousserons-nous pas la poésie, si elle ne nous entretient pas de nos souvenirs (1). Dans les siècles précédents, l'absence de

---

(1) Nous en sommes pour les douze chants de la Massiliade. En traitant la fondation de Marseille, nous ne reculâmes pas devant la longue tâche d'une épopée, ni devant celle encore plus grande d'élever, par nos seules conceptions, à l'importance exigée par la poésie épique, un événement presque nul dans l'histoire,

tout intérêt laissait au poète la possibilité de fixer l'attention des lecteurs sur le sujet qu'il choisissait, soit dans la fable, soit dans les histoires juive, grecque, romaine. Mais cette latitude était moins encourageante que la fixité de la prédilection nationale, et montrait trop son voisinage du dégoût général. De là vient que notre théâtre est loin d'être aussi patriotique que celui d'Athènes ; de là vient que le poète, ne s'étayant nullement sur la bienveillance du public pour son sujet, était obligé de désarmer sa rigueur pour une versification sans aucune licence, par une aveugle observation des préjugés de l'art tragique. Si ce n'avait été Voltaire, ce fléau de tous ces abus, nous n'aurions pas encore vu de héros français sur la scène, ni de tragédies en trois actes (1), d'autres sans femmes ; nous n'aurions pas non plus une pièce en vers croisés, dont l'innovation n'a pas encore eu d'imitations, mais qui en aura quand on sera tout-à-fait las du monotone tintement des rimes deux à deux.

Le moment de nous créer une littérature nationale est arrivé. Nos vingt-cinq ans de gloire

---

nous étions loin de soupçonner le règne de la politique. Heureusement la jeunesse est l'âge des illusions : à peine détrompé d'une, nous nous berçons d'une autre, et la vie s'écoule comme un songe.

(1) On sait qu'Esther n'avait pas été composée pour le théâtre.

doivent être pour nous ce qu'était le siége de Troie pour les poëtes grecs, et le règne de Charlemagne pour les Trouvères et les vieux romanciers. Kléber, Murat, Desaix, doivent être nos Ajax, nos Achile, nos Diomède, nos Roger, nos Olivier, nos Maugis; notre palladium doit être la Charte. C'est sur ces nouvelles dispositions générales à tout le peuple Français, que doit reposer la tragédie vraiment nationale, ce genre qui devrait réunir la sagesse des règles classiques avec les sentiments nouveaux. Qu'on y prenne garde, le mélodrame se fait tous les jours de nouveaux prosélytes dans les provinces où l'on n'a pas d'excellents acteurs pour faire passer la tragédie. L'amour de l'art, le desir de voir le goût se perfectionner, me font faire ces observations.

Un autre motif devrait nous engager à traiter des sujets patriotiques. La gloire acquise par nos armées est un héritage dont nous sommes fiers et que nous devons transmettre à nos neveux. Faisons en sorte que le temps ne puisse rien sur ce dépôt sacré; que des tragédies, des comédies héroïques (si l'on veut donner ce nom aux pièces, à la fin desquelles on ne pourra verser du sang pour la forme), perpétuent à jamais le souvenir des belles actions, des dévouements sublimes qu'a vus cette période de vingt-cinq ans. On doit offrir à l'un des deux théâtres Français une tragédie intitulée Kléber; l'auteur y a mis à-peu-près en récit les batailles d'Aboukir et d'Héliopolis: si l'exécution est digne du sujet, ce sera une tragédie vraiment nationale. Pourquoi ne pourrait-on pas nous représenter la mort de Poniatouski et de Montébello, en accordant ces sujets aux trois unités et à l'orthodoxie des règles classiques, en les embellissant d'une brillante poésie? On peut encore faire des tragédies sans ensanglanter la scène: qu'on mette en présence Masséna et Suwarow; quand ce dernier, surnommé le moderne Attila, accourait à travers la Suisse, fondre sur la France. Qu'on nous représente la belle défense d'Huningue par le général Barbanègre. Mais, dira-t-on, il n'y a pas là de sujets de tragédies? Hé! donnez-vous la peine d'inventer la fable que vous êtes obligé de créer pour remplir les cinq actes qui précèdent la mort du héros que vous choisissez dans l'histoire. L'éloignement des époques, répondrez-vous, laisse plus de carrière à l'invention. — Mais dans nos guerres continuelles, où les batailles, les grands événements se succédaient chaque jour avec tant de rapidité, a-t-on eu le temps d'en consigner tous les détails dans des registres? Combien de belles actions sont à jamais ensevelies dans une profonde nuit. Bien plus, certains événements de l'antiquité sont mieux connus, et plus généralement, que la plupart de ceux de nos jours. La tragédie ne se fait pas néanmoins un scrupule de les altérer : telles sont l'*Histoire de Joseph vendu par ses frères* et la *Mort d'Hector;* cependant MM. Baour-Lormian, Luce de Lancival, y ont, de leur pleine autorité, intercallé des incidents pour nourrir l'intrigue de leurs pièces.

Ce n'est plus de l'amour qu'il faut au théâtre; Racine, Voltaire, ont tout dit et bien dit là-dessus. Exposez-nous maintenant de grands intérêts politiques; attachez le sort de la France à votre tragédie: « Tant de grandes catastrophes, » dit l'un de nos journaux, « ont prouvé qu'il existait de plus grands malheurs que d'être trahi par une infidèle. » D'ailleurs, les sujets anciens sont trop éloignés de nos mœurs. Quoi de plus ridicule, en y faisant bien attention, qu'un OEdipe qui gagne le trône en devinant des énigmes? Quoi de plus obscène que Clytemnestre, déjà sur le retour, vivant en concubinage avec Égisthe, et assassinant Agamemnon. On exige de l'auteur comique la plus grande sécheresse dans l'intrigue pour la pureté des mœurs, et toute une famille va voir de pareilles indécences.

Mais si nous substituons à cela les beaux caractères de Kléber, de Masséna; le récit de leurs belles actions à des récits d'assassinats; leurs sublimes paroles à des remords ampoulés, le théâtre sera l'école des grands hommes ainsi que le Panthéon de ceux que la mort nous a ravis. Quel général, en assistant à une représentation de ce genre, ne se promettrait pas d'égaler les belles actions qu'il verrait ou qu'il entendrait raconter, étant sûr qu'un jour les siennes seront applaudies par ses compatriotes rassemblés? C'est au théâtre que les guerriers viendraient recueillir des inspirations sublimes comme dans le temple de la Gloire. Et si, quelque jour, l'Europe se liguait encore contre nous, qu'avant de courir aux batailles, le théâtre soit ouvert à nos braves; qu'ils y soient témoins des actes patriotiques, de ce sublime oubli de soi-même, qui ont illustré nos guerriers, et le lendemain ils les égaleront. Alors le talent de nos Talma, de nos Joanny, ne servira pas seulement à nous familiariser avec les suicides, les assassinats; mais il sera le mobile du courage de nos guerriers; il allumera dans leurs ames ce feu divin qui fait gagner les batailles; et acteurs, auteurs, guerriers, tout pourra dire : *Et moi aussi, j'ai été utile à la patrie.*

FIN.

www.ingramcontent.com/pod-product-compliance
Lightning Source LLC
Chambersburg PA
CBHW070451080426
42451CB00025B/2706